questo libro appartiene a

DISEGNO

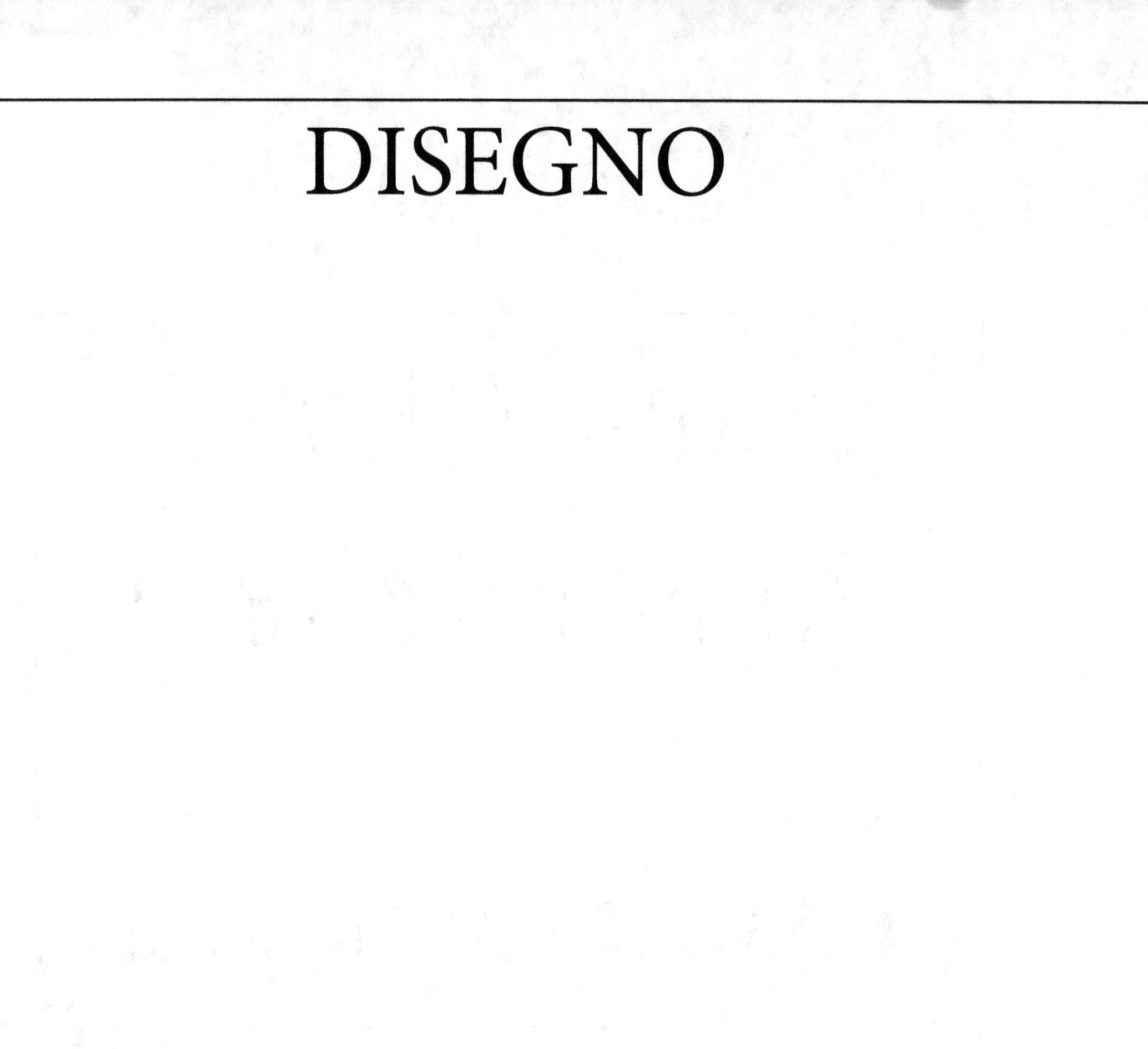

DISEGNO

DISEGNO

DISEGNO

DISEGNO

DISEGNO

DISEGNO

DISEGNO

DISEGNO

DISEGNO

DISEGNO

DISEGNO

DISEGNO

DISEGNO

DISEGNO

PEARL

DISEGNO

DISEGNO

SS
SS

DISEGNO

DISEGNO

DISEGNO

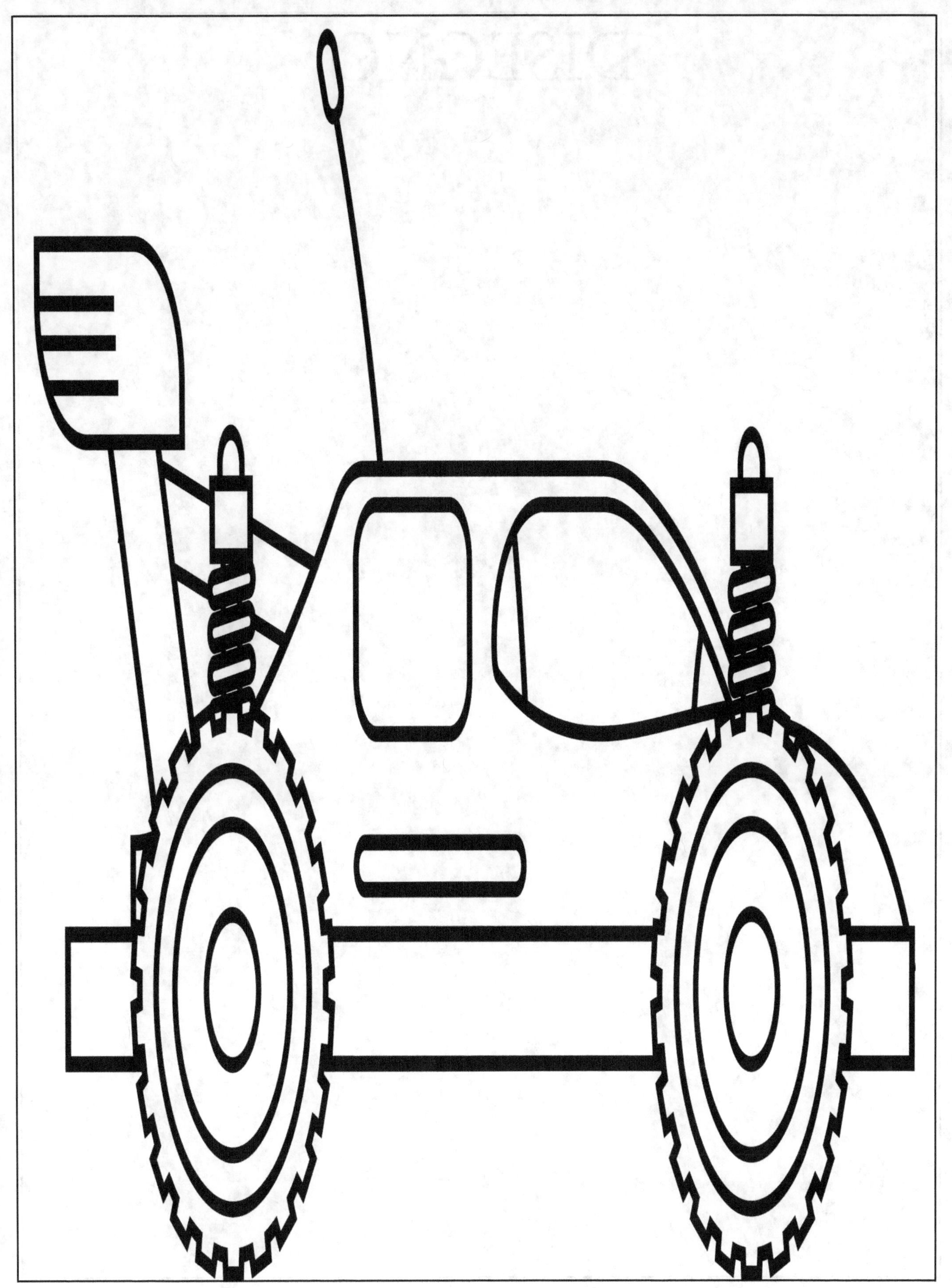

DISEGNO

DISEGNO

DISEGNO

DISEGNO

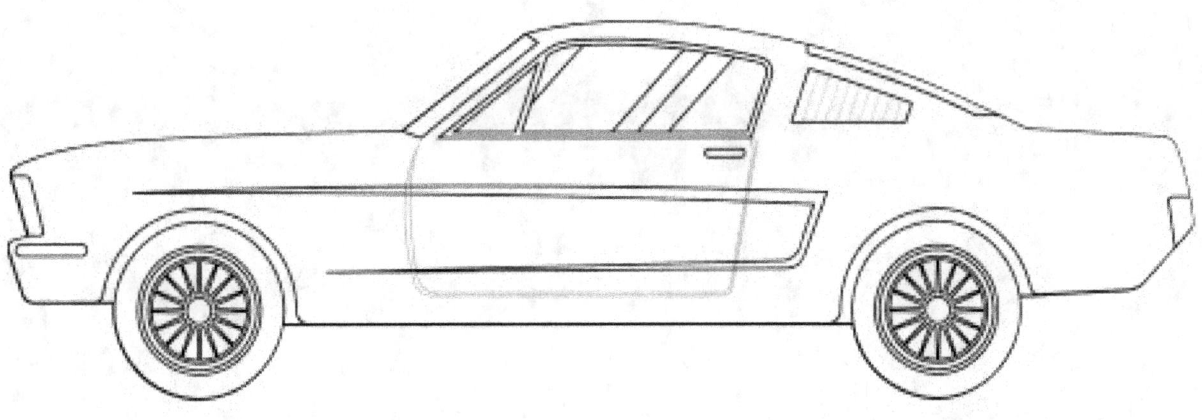

DISEGNO

DISEGNO

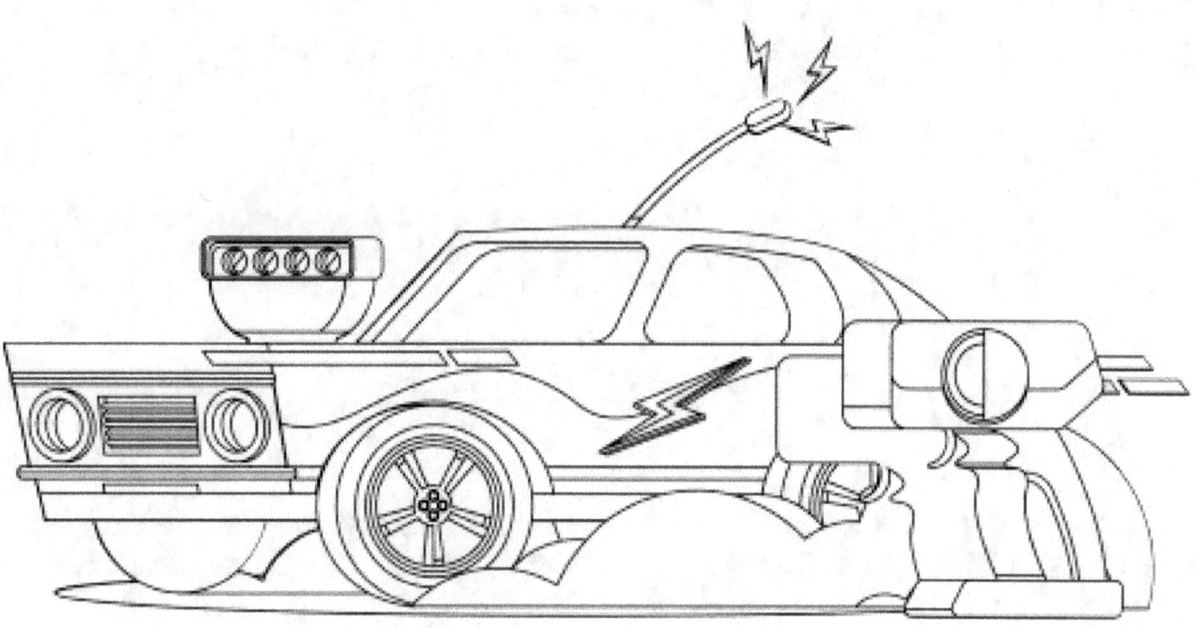

DISEGNO

DISEGNO

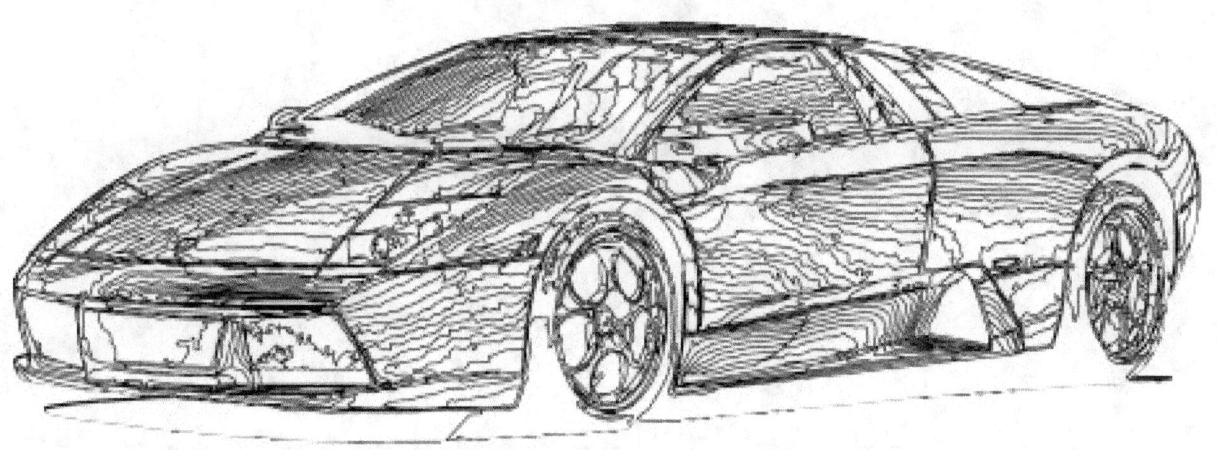

DISEGNO

DISEGNO

DISEGNO

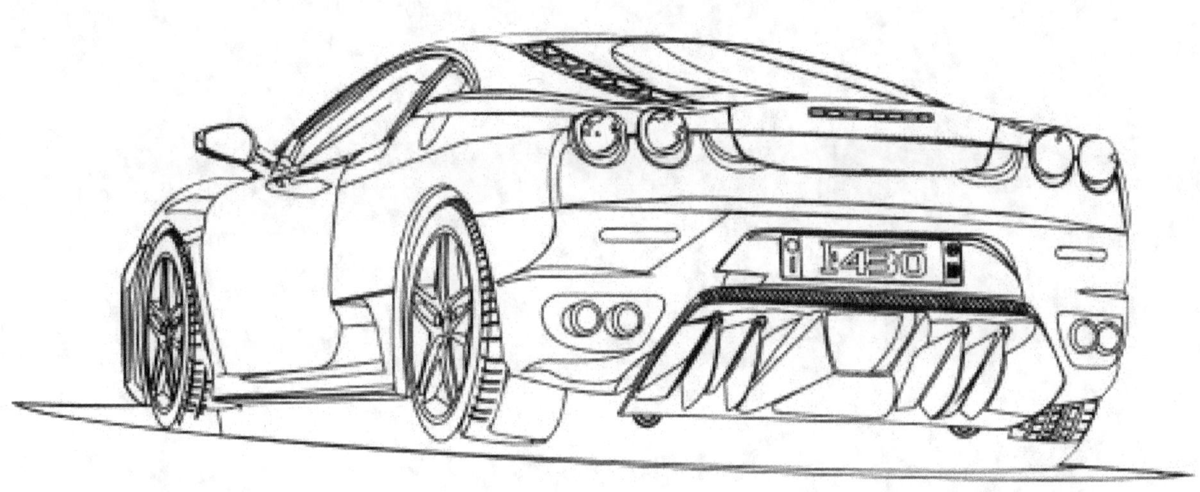
430

DISEGNO

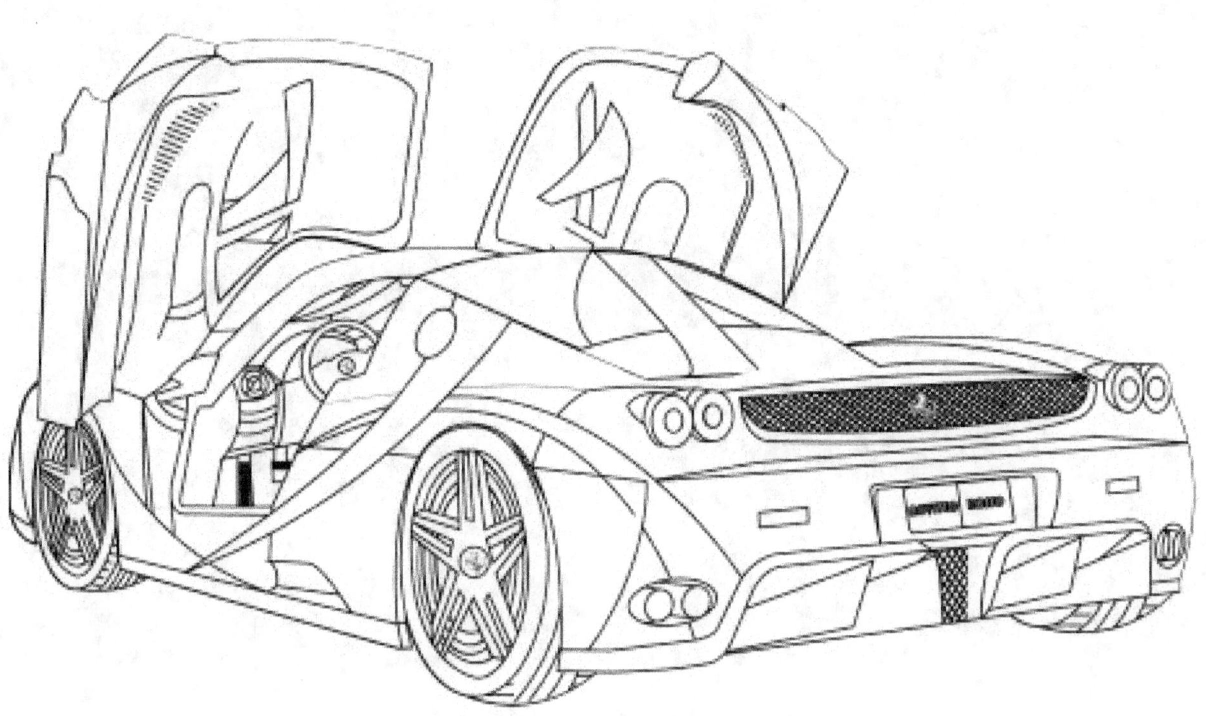

DISEGNO

DISEGNO

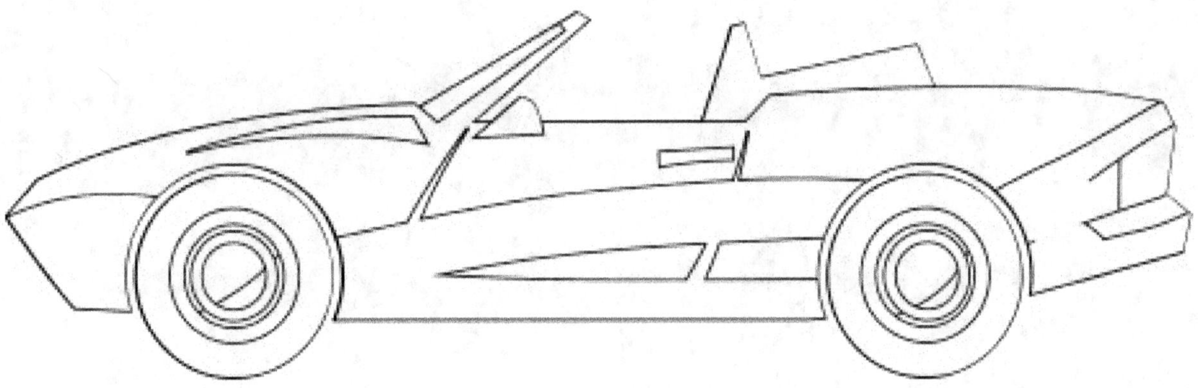

DISEGNO

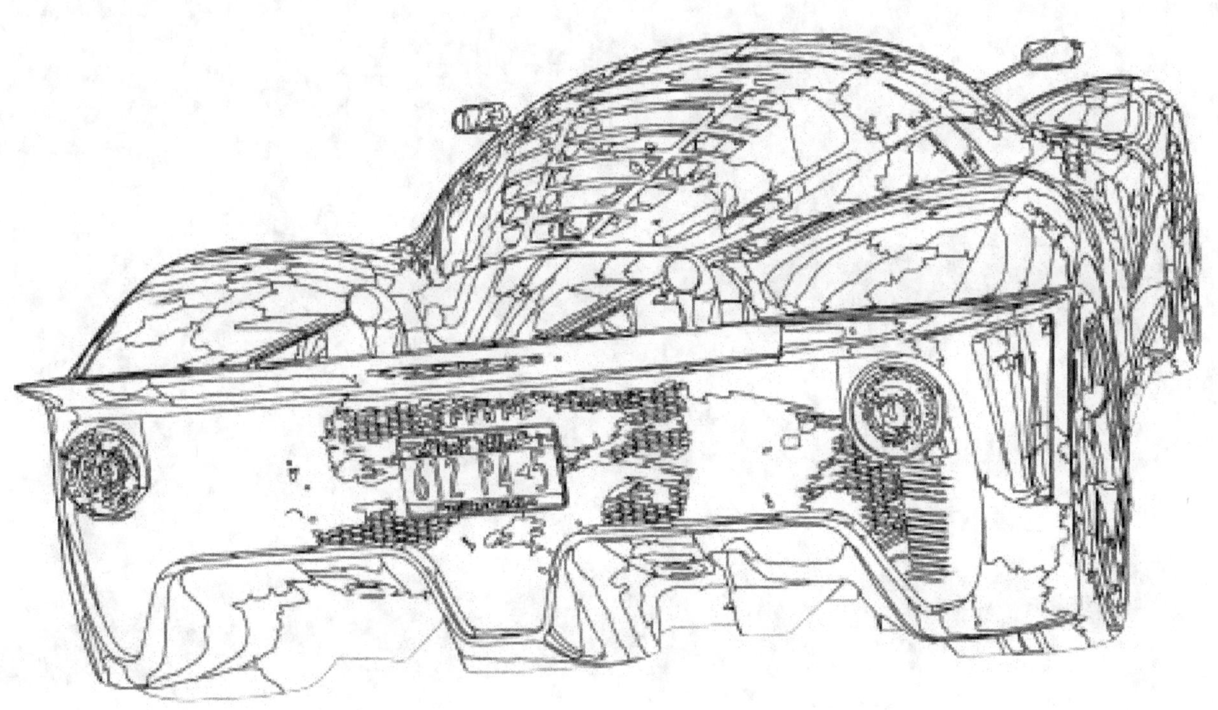

612 P45

DISEGNO

DISEGNO

DISEGNO

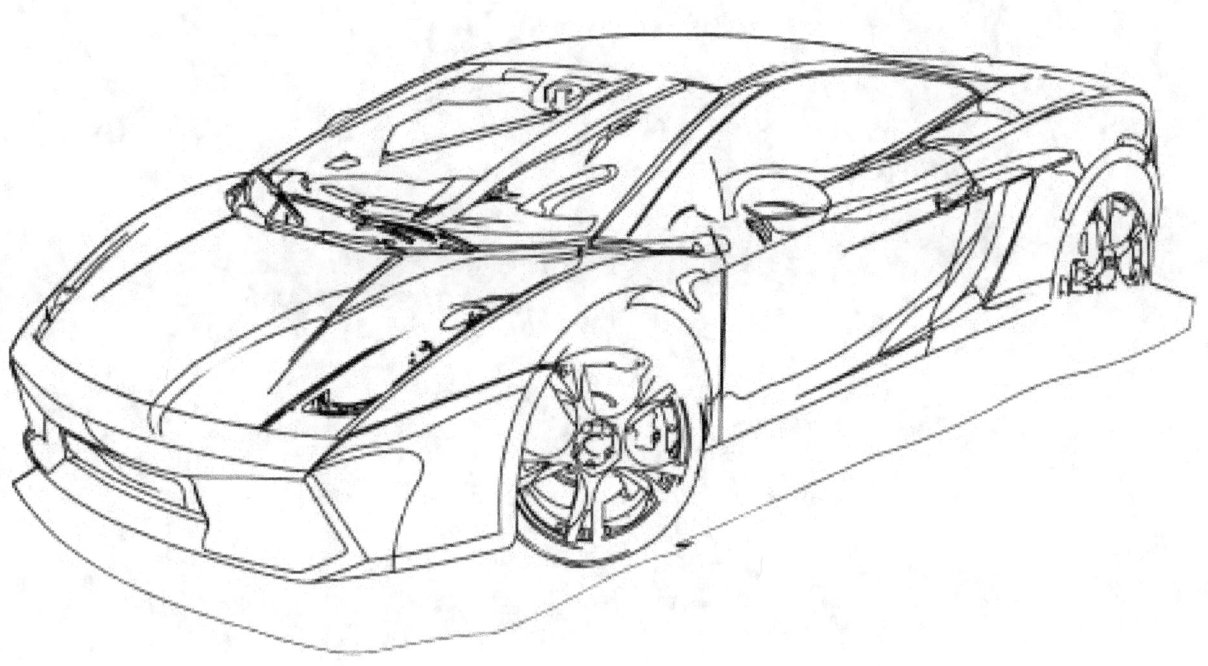

DISEGNO

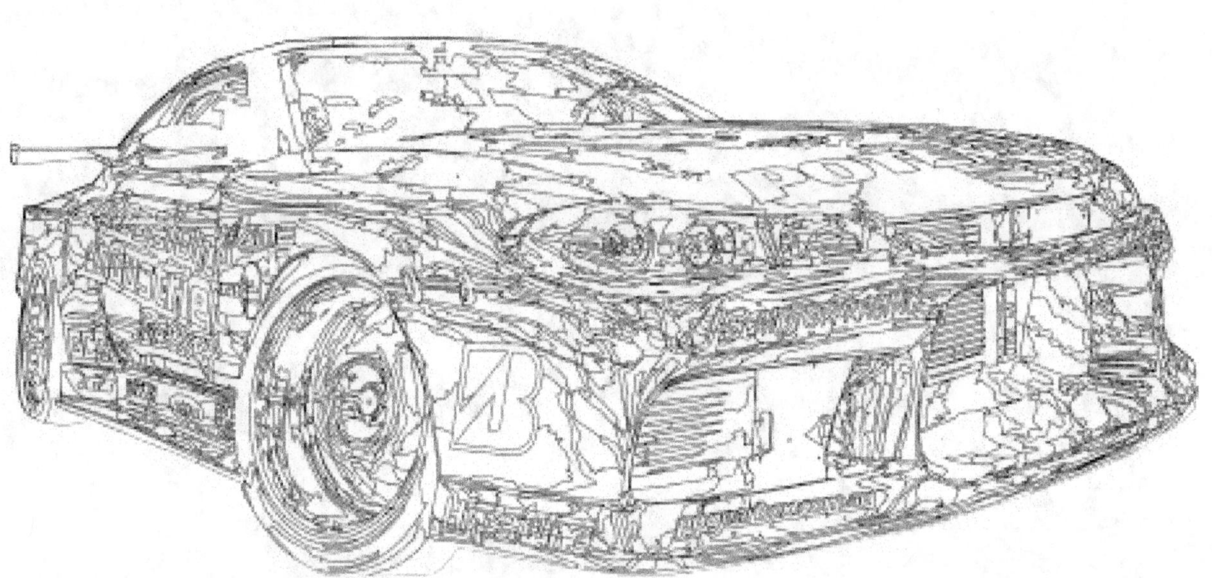

DISEGNO

DISEGNO

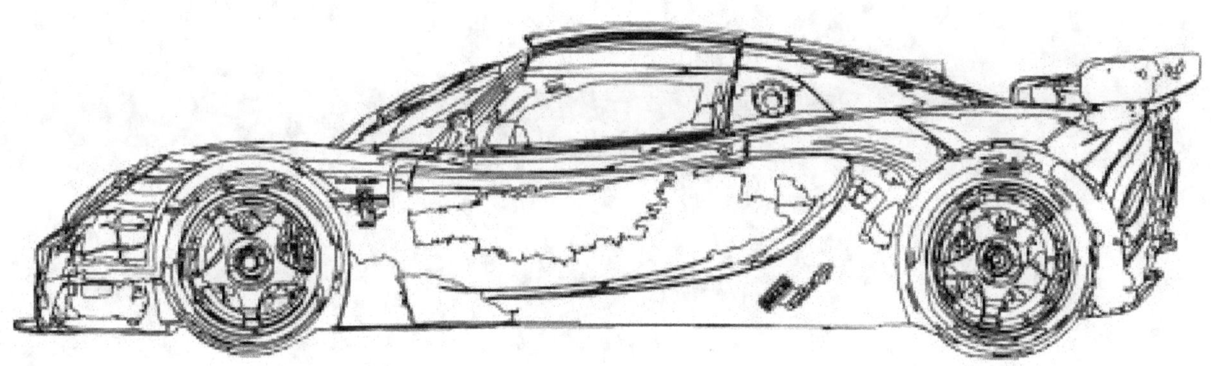

DISEGNO

DISEGNO

DISEGNO

DISEGNO

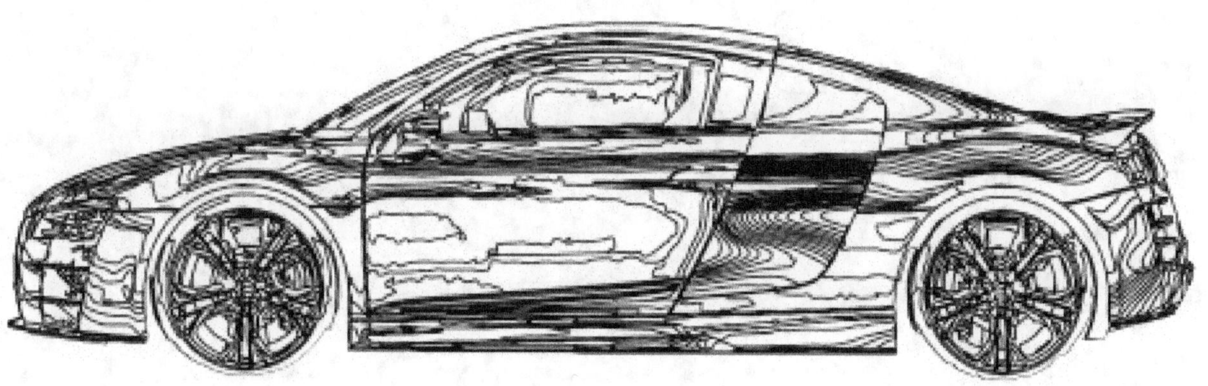

DISEGNO

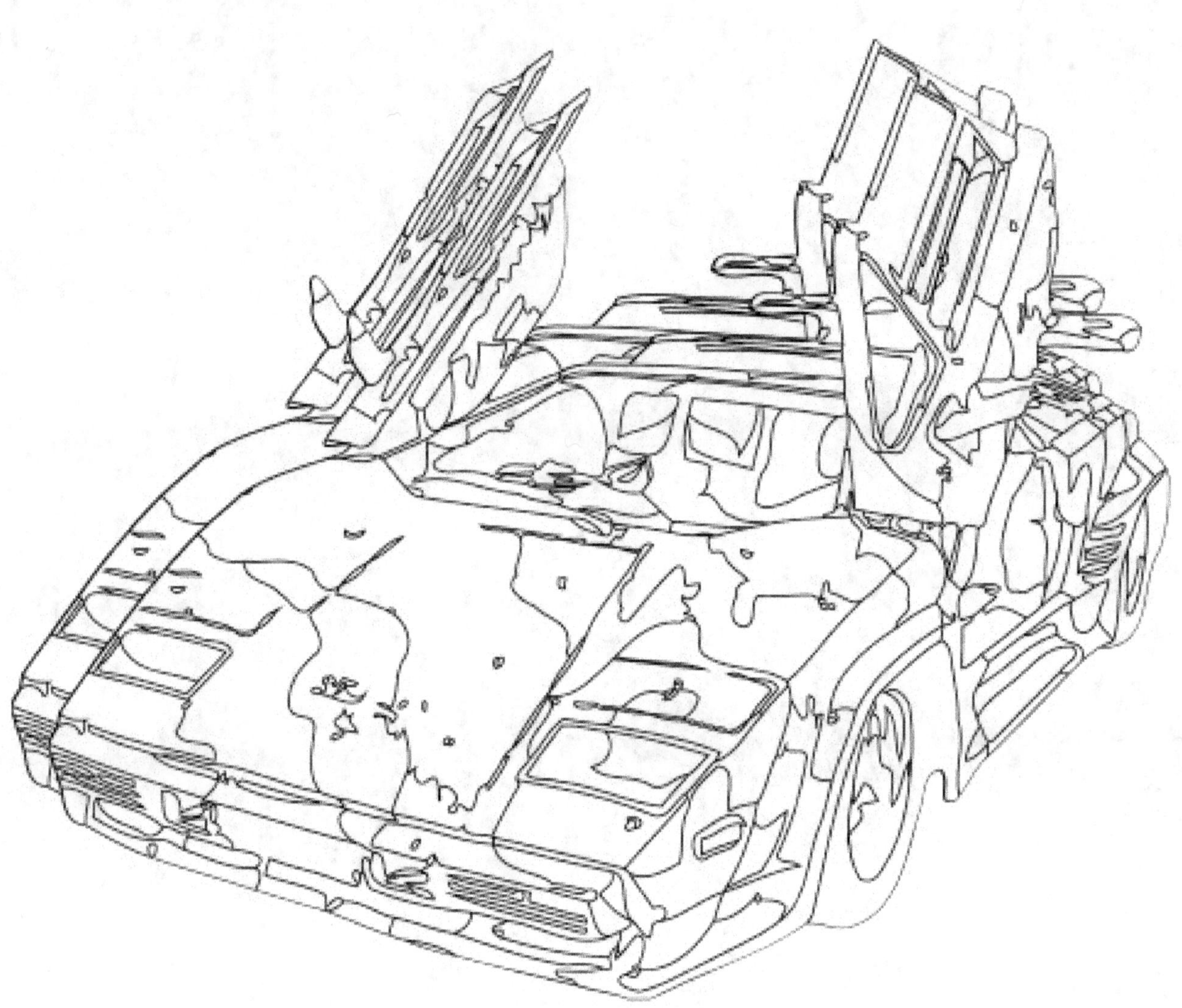

DISEGNO

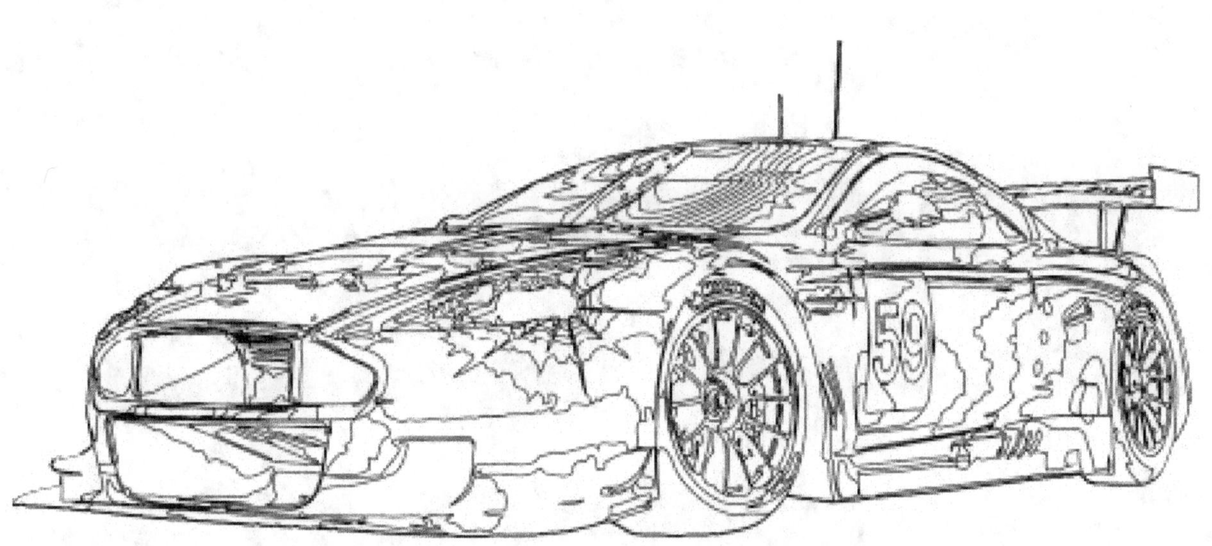

DISEGNO

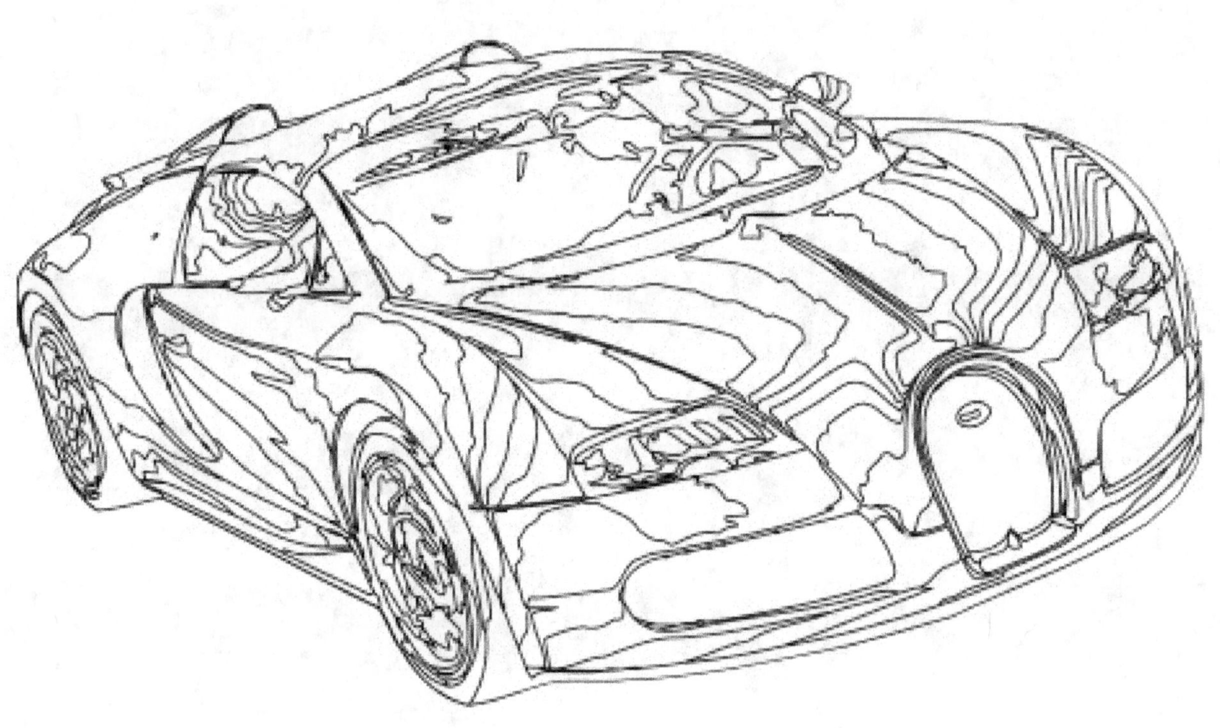

DISEGNO